人生小語

獻給母親

——母愛是人性的支柱

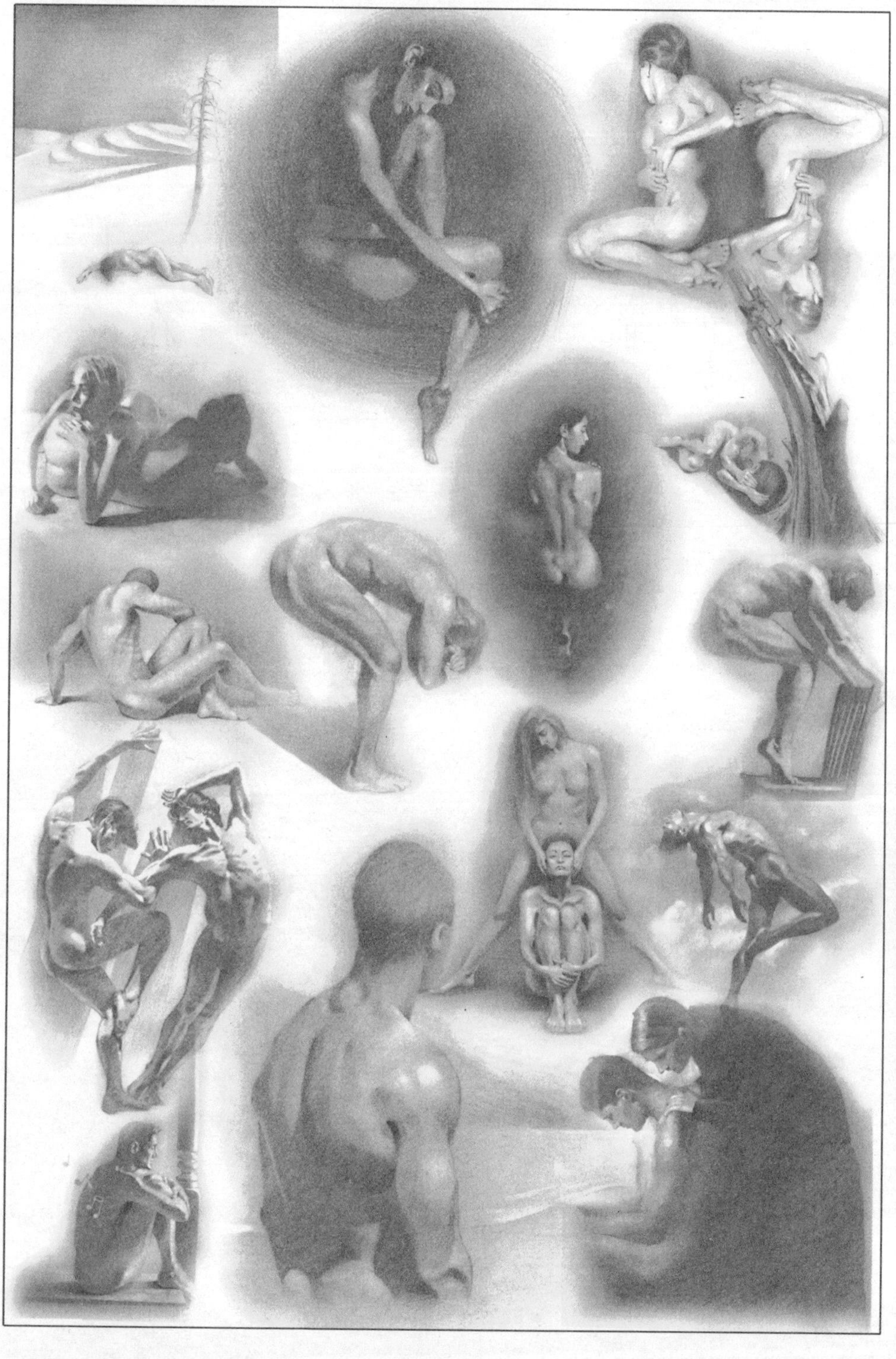

在這豐盛的大地之上
——代序

在這豐盛的大地之上，
古來多少人相繼走過，
有的單獨，有的成群，有的列隊。
我們創建了什麼？

我們成就了什麼？

●

在那璀燦的星空之下，
多少夜晚的仰頭遥望。
天狼星過了，大角星過了，織女星也過了。
我們增加了什麼樣的心思與情懷？
我們減少了什麼樣的憂愁和困惑？

●

人在塵世中創造。
人在自然裡涵情。
人在塵世裡受創。
人在自然中療傷。

●

人性古今點滴匯聚。
文明前後脈脈相傳。
塵世間缺乏肯定答案的，

自然給予我們明確的啓發。

●

情有人間。

愛生天上。

在這豐盛的大地。

在那璀燦的星空。

一九九七年八月二日於香港

一

滿天淅瀝的雨，滴滴答答地飛打著。
它不便清早上路的人，但卻滋潤了久旱乾枯的
大地。

二

含忍人間滿天的飛雨，一樣地早起，一樣地忙於
上路——心存那一片待生待長的花草和樹木。

三

有時人性裡有一片久旱乾枯的大地，等待著上
天飛下紛紛的驟雨。

四

人性有一片乾枯待雨的大地。
有情的人容忍人間的風雨，心存一片人性的未

來。

五

人性的驟雨滿天飛落。
它不便早出的路人，但卻驚醒志士仁人的性靈。

六

在人性的大地，多少人只是匆忙迷失的過客。

七

人性大地上的樹，到底開出什麼樣的花。
難道我們只能充當遙遠旁觀的路人？

八

清淨明亮的月兒，偶爾也有烏雲前來遮掩毀謗。
不一定永遠有那常見的白雲，襯托出她那幽靜

有時
人性裡有一片
久旱乾枯的
大地，等待着
上天飛下紛紛的
驟雨。

的光芒。

九

明月有時尚會招致烏雲的毀謗。清風卻經常引來鳴鳥的回響。

一〇

傾心聆聽高遠天上的悠悠風聲。何須理會低窪地面那蚊蠅的嗡嗡雜響。

一一

多少人類的創造，只留下片刻的喧嘩。轉眼又淹沒在歷史的風雨裡。

一二

大雨連日，小徑淤泥積水。再不疏導修護，就要回歸自然。

任憑人類努力表現他的才華，但有多少文明產物終能經得起歷史風雨的考驗。

一三

深夜的公園裡，矮矮的路燈之旁有株依依傾身的小草花。

「我只不過是一盞人造的燈。」

「你也許完全虛情假意，但我要努力成全的卻是多情的自己。」

一四

悠閒裡偶從小路走過，旁邊灌木裡的一棵矮樹開出一朵難以置信的大紅的奇特的幾瓣似堅果迸裂的花。

這萬綠中的一點惑人的鮮紅，只有你親眼見過，才完全相信。

一五

我們總覺得自己身處艱困的時代。即使如此，我們仍然照樣努力。我們關懷自己的後代。

一六

教育的意義就在於即使失望中，仍然可以懷想「假以時日」而心生安慰。

一七

在熾熱的晨陽裡，花盆裡的小枝顯得疲困乏力。可是它投落在牆上的光影，卻又是那麼鮮明，那麼有力，那麼動人。

一八

理念是熾熱的初日，小枝是我們的身軀。
那鮮明的牆上的光影是我們的心志投落人間的記錄。

一九

對於有些人，我們不是緣份已盡，而是意念消蝕，再也無能為力。

二〇

愛不是情的隨意任性的流露。
愛是有品有德，有節有制的鉤畫。

二一

有時畫布上塗滿了情的顏色，但卻描繪不出愛的形象。

二二

顏料的塗灑並不構成藝術。
筆觸的無心也不自動成就作品。

二三

情只是愛在畫布上的顏料。
心才是彩繪愛的畫筆。

二四

愛像是藝術作品的創作一樣，含有構思，含有
技藝，更含有辛勞的經營。

二五

「時時勤拂拭，莫使惹塵埃！」
可是，塵埃自己就沒有乾淨的權力嗎？

二六

時時勤拂拭，莫讓污穢染塵埃。

二七

畢竟是人類污染了世上的塵埃，令它們滿身油膩不潔。

二八

塵埃雖然渺小，但它們也有一身乾淨的權力。

二九

有人每天擦拭洗滌。
連塵埃都變得滿身乾淨起來。

三〇

昨夜一場雷雨，不宜留存大地的已經刷洗滌淨。
今日風靜人清，我們又開始另一段純潔的旅程。

三一

昨晚那麼大的風雨。紫荊樹下織網的蜘蛛呀，
你到底去哪裡躲藏？

三二

有些生物即使在風雨中，也沒有藏身躲避的角
落。

三三

今晨我沒有在平衡木上運動，因為見到有隻細
幼的小螺正在桿上悠閒爬過。

三四

細幼如蠅的小螺，你要努力多久才能走完比你身長千百倍的旅程？

三五

我有多大的步伐，我該走上多少萬里的人生之路？

三六

其他一群小螺都畏縮在平衡木的側邊爬走，只有一隻不畏天地的幼螺，大無畏地走在桿頂上，仰望天空。
只有牠擁有無限寬廣的視野。

三七

每日的生活雖然平順愉悅，靈魂深處也會含藏著憂慮與痛苦。

人到底不是麻木不仁的動物。

三八

回顧人類悲壯的史跡，個人的私情恩怨怎不雲散煙消。

三九

靈魂未被深夜的寂靜喚醒之前，軀體只是一副空殼而已。

四〇

許多人在皮膚上塗抹太多的香水，在人生裡添加過量的「味精」。

四一

熱熱的心裡，可會容有一個冷冷的「冰庫」？

四二

把憂愁放置冰庫，就不會發霉成病？

四三

冰冷的人生的憂愁，也只有熾熱的生命的消解。

四四

愛在情中過濾出那個私字，因而沉澱出一片純潔明淨的心。

四五

愛內藏著私情的時候，容易引發違背純真的感覺。

四六

愛的堅持是不單憑感覺從事。

四七

愛的堅持是過濾出違背純真的感覺。

四八

愛的堅持是過濾出那個隱藏的私字。

四九

一個人可以閃躲他人，但卻無法迴避自己。

五〇

每一個人都只能在自己雜多的塵世的感覺中，辛苦地過濾出一份高遠純真的天上的感情。

（真正的愛是天上的情。）

五一

愛不是一陣塵世的感覺。
愛是一份天上的感情。

五二

平凡無奇的物理的塵世，端賴人類構建綺麗優美的感情的天堂。

五三

塵世的真情來自天上。
超凡的心懷遺愛人間。

五四

何事頻頻注目遠方的綺麗，而忘記努力創造身邊的優美？

塵世的
真情，來自
天上。
超凡的
心懷遺愛
人間。

五五

難道一片浮雲對你露出微笑，你就相信將有仙女下凡？

五六

親密並不是容易獲致的結局。可是表現親密的樣子卻是輕而易舉的行為。

五七

愛一個人是因為期待對方擁有生命的美好而自覺喜悅。但卻不是為了自己的喜悅而期待對方生命的美好。

五八

愛出於自己，但卻為了對方。

五九

愛因為了對方，遺忘了自己。

六〇

時時存己的愛，不是真正的愛。
總是忘我的情，是真正的情。

六一

晨早是清潔洗滌的時刻。
我們清洗自己的身體，也清洗自己的靈魂。

六二

清洗我們的身體，我們潔淨了人間世界的一顆一粒。

六三

清洗我們的靈魂，我們潔淨了人性天地的一隅一角。

六四

清洗我們的時候，我們也清洗了身邊的塵埃。我們把一粒粒的灰塵洗淨，讓它們回到大地轉化重生。

六五

污濁的世界，連塵埃也滿身油垢。

六六

我們注目光豔的花朵，為什麼沒有照顧滿身污濁的塵埃？

六七
塵埃也有它的存在。
它也有待清洗滌淨。

六八
塵埃也有它的尊嚴。
它也需要一身清潔乾淨。

六九
從大處看，我們不也只是宇宙間一粒粒渺小的
塵埃？

七〇
一粒小小的沙石也可以全身明亮清淨。

七一

我們的努力可以提升人性。
人性的提升令我們更加高貴。

七二

世界因我們而乾淨，這是我們的成就。
我們因這個世界變得乾淨，這是我們受到的恩惠。

七三

人類不斷在受恩裡成就。
人類的成就令這個世界受惠。

七四

我們把自己清理乾淨，這個世界也就比較乾淨。

七五

我們把自己清理乾淨，這個世界就有乾淨的人。
（每一個人生都是一個生命的榜樣。）

七六

人常常立志不夠堅貞。
人往往用情未加克制。

七七

不夠堅貞的意志常常流於膚淺隨意。

七八

未加克制的情往往變得氾濫無奈。

七九

常常不是愛放縱了情，而是情的未加克制，放縱了自己，損傷了愛。

八〇
經常不是愛傷害了情。
是情的立志不夠堅貞，自己受了自己的傷害。

八一
傷害了情，愛容易走向沮喪。

八二
放縱了情，愛容易步入迷惘。

八三
走向沮喪的愛，不再清麗動人。

八四
步入迷惘的愛，無法脫俗超凡。

八五

如果因愛而導人受傷，何事急於用情？

八六

愛而不忍心用情，這是何等的愛。

八七

愛而不傷情。
愛而不害情。
愛而不傷害了情。

八八

愛而不放情。
愛而不縱情。
愛而不放縱了情。

八九

我們常常因為污染了語言，進一步污染了內心。

九〇

我們穿著衣飾，可能糟蹋了衣飾。我們使用語言，也可能污染了語言。

九一

衣飾著重場合和身份。語言講究情意和心境。

九二

衣飾是記號。語言最是記號。

九三

記號講究意義，否則不是記號。

九四

衣飾講究穿著的意義。
語言講究使用的意義。

九五

相知的人明白彼此的概念。
相愛的人分享相互的情思。

九六

人類通過傳遞給對方的概念，引發他的情思。

九七

感覺不能傳真。

概念世世交遞。

九八

愛經由概念傳遞。
情通過概念共鳴。

九九

愛和情都有它傳遞共鳴的記號。

一〇〇

概念的語言是種記號。
身體的語言也是種記號。

一〇一

愛和情有時使用身體的記號。

一〇二

概念的語言容易超凡脫俗。
身體的語言容易沉溺陷落。

一〇三

身體的概念化令情超越昇華。
概念的身體實現將愛限定沉落。

一〇四

愛不能只靠身體的語言去闡釋。
情需要概念的記號加以發揚。

一〇五

有的人追求超越提升，令情脫俗高遠。
有的人沉溺地上的感覺，把情消損，將情變樣。

愛　和
情　有时使用
身体　的
记號。

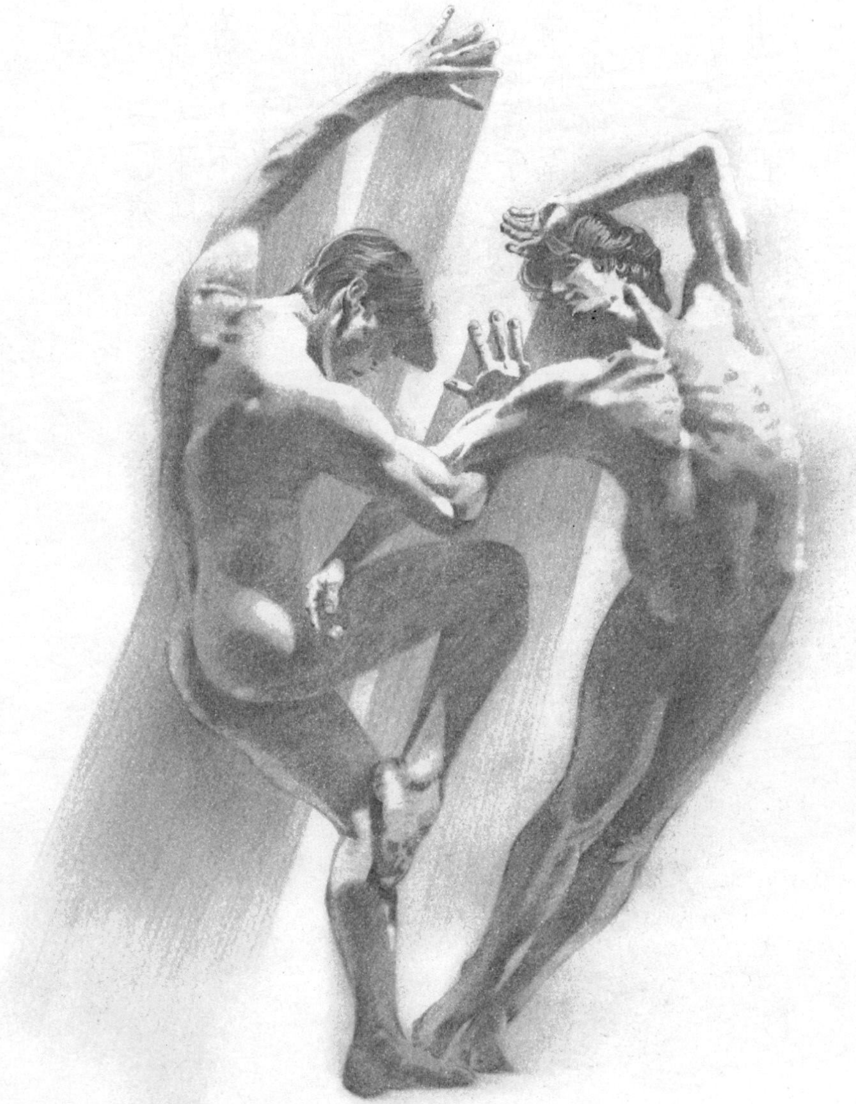

一〇六
有的人不斷琢磨，令內心明亮。
有的人不知檢點，把心放逐，令其污染蒙塵。

一〇七
有的情光明亮潔。
有的情污跡斑斑。

一〇八
心像鏡子，以它的凸凹平整影照著世界的物相。
情像湖面，以它的風紋沉靜波瀾起伏反映著塵間生命的奧秘。

一〇九
有的心平整明亮。
有的心凸凹蒙塵。

一〇

有的情沉靜深遠。
有的情起落動盪。

一一

不同流合污的結果，你也許傷損了世故人情，
但你卻維護了人性。

一二

擇善固執的結果，你也許失去了可能的同伴，
但你卻捍衛了做人的原則。

一三

（天上的明月有時也有烏雲前來毀謗。）
烏雲的毀謗只遮掩了人間的感覺，它並沒有絲

毫消滅天上的光亮。

一一四

我們不能只憑人間的感覺。
我們需要時時嚮往天上的光亮。

一一五

人性的光亮不是塵世的毀謗就可以遮掩。
歷史有它明亮的眼睛。
文明有它清晰的判決。

一一六

有時眼見年輕的人蒙起良知行事，掛起假面具作為。
不知他們未來的日子，要怎樣乾乾淨淨，純純樸樸，安安心心，夜半敲門也不驚地活過？

一一七

有些人以為製造假象就可以放逞私心。

他們不知道真理到處睜開著雪亮的眼睛。

一一八

有些人不明白他並不是在跟哪一個個人挑戰。

他是在跟大眾的良心挑戰。

他是在跟文明的人性挑戰。

一一九

今天雖然煙雨濛濛，可是昨夜那月兒的光潔繼續留給人心一片恆久的光亮。

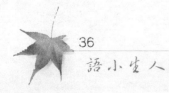

一二〇

霧霧雨雨之中，天上一片沒有生趣的灰沉。可是昨晨那清白的半月就在這高樓上現身。所以我知道今早稍稍清瘦的她，正在這高樓之巔的雲外。

一二一

明月的清光不是在烏雲之下欣賞。人性的高尚不因少數人的敗壞而有所消損。

一二二

不是會怒吼的狗，就是一隻好狗。

一二三

一隻滿身毒瘡的病狗，也可以對無辜的路人發出一聲聲兇惡的長吼。

一二四

不是能夠批評他人的人，就是一個自己站得住的人。

一二五

有些人利用批評別人來掩飾自己。另外有些人以為批評他人就可以壯大自己。

一二六

令人悲懷傷感的是，這個世界並不是由我們一手捏造塑成的。人間有毒蟲，也有猛獸。但是不要忘了，也有一顆顆感人心腸的星星。

一二七

也許運氣，也許靈顯，也許特異，也許奇跡。可是我們知道，這個宇宙有種奧秘與神奇。

人類就在這種奧秘神奇之間，養心立志，涵情成聖。

一二八

常常當我出門晨間漫步，雨為我而停。等我回家，才繼續飄灑。

每次我都不知何故，但每次我都心存感激。

一二九

每次總覺得上天善待，暫時停住急雨，讓我晨間運動。

是因為一個人內心知足而傾向感恩，或是冥冥之中真有一種神奇的力量？

一三〇

每次天雨因我晨運而暫停。

有一回，清早醒來聽見窗外滴雨的聲音，我想起上天是否在提醒我什麼奧秘的訊息。

一三一

我不相信一個人的意向能夠影響大自然的規律。

我也不知道一個人的心懷會否感動上天的慈悲。

但是每次我在微雨中外出晨運，每次小雨都為我停落。

一三二

晨早一出門，滿天細細柔柔的霧雨，心想會不會淋濕了頭髮。

等到了公園裡開始體操時，連絲絲的雨都不下了。

每次如此，怎不心生感激？

一三三

在生命裡，我們常常接受恩惠，但卻不知向誰
表示感激。

一三四

過份的迷信令人昏心喪志。
完全無視大自然的神奇導人膚淺無知。

一三五

天又變得雲霧昏沉。晨起見不到星星。
可是就在體操時，瞥見高樓之外，一團光影。
心知半月正在樓外雲端的天上。
不必去查證，也無需多加觀看。
你知我大清早起，我知你已爬高到樓頂之上。

一三六

浮誇的小鳥總是穿梭在高枝上，帶著吱吱喳喳的叫響。
只有穩重的大禽站在田野林間，發出警世驚心的長鳴。

一三七

春暮之晨，有哀鳥長鳴。那是啼血杜鵑？
我不知你的名字，但我聽悉你的心聲。

一三八

浮誇的小子做過什麼文明的聲音？
穩重的人物發出一言九鼎的人性真言。

一三九

紛雜的感覺引人遐思。
明確的概念導人立志。

一四〇

從紛雜的感覺中，清理出明確的概念，我們增強了意志的自由。
排除明確的概念，沉溺於紛雜的感覺，我們傷損了自主的能力。

一四一

人類把握操縱著概念，但卻沉溺消蝕於感覺。

一四二

概念通往堅強自重。
感覺引發柔弱軟散。

一四三

在鄉間農村長大的人，知道連殘葉敗枝都有它施展用場的地方。

一四四

在人性的大地上，人類的枯枝落葉怎樣才能變成起死回生的有用材料？

一四五

思想家和社會改革者所面臨的最大難題，就在於怎樣才能令人類的枯枝敗葉起死回生。

一四六

有志之士，知其不可為而為之。
有情之士，知其可為而不忍為之。

紛雜的
感覺引人
深思。
明確的
概念導人
立志。

一四七

人性的特徵不是想做就做，不是為所欲為。

一四八

人生的許多作為或許都可以遊戲等閒。唯有人性良心之事，不能付諸遊戲，不可等閒視之。

一四九

人性存乎良心。有良心就生人性。

一五〇

良心繫住人性。有人性就生良心。

一五一

人性哺育良心。
良心支撐人性。

一五二

良心是人性開展發揚的憑藉。

一五三

良心不能量化。
良心怎能客觀化。

一五四

良心無法標準化。
良心全在致力以赴，盡己為之。

一五五

人性和良心各成表裡。
良心和人性互為因果。

一五六

有人性就有良心。
有良心就有人性。

一五七

人性就是良心。
良心就是人性。

一五八

有情者悲懷面對人性。
有志者積極迎向人生。

一五九

這世界並不是我們創造的。周遭存在著爬蟲走獸、殘枝敗葉。

除了對人性悲懷，對生命積極而外，我們還能做什麼呢？

一六〇

對人性悲懷，只因對人性的命運悲觀。

對生命積極，那是唯一令人性滋長的途徑。

一六一

你每天將地板拭抹乾淨，因而有了一間乾淨的屋。

如果每一個人都如此，整個世界全都是乾淨的屋。

即使並非人人如此，只要你繼續不輟，至少這世界有一個明亮乾淨的人家。

一六二

你每天反躬自省，因而有了潔淨的靈魂。如果每一個人都如此，整個世界全都是潔淨的靈魂。即使並非人人如此，只要你努力不懈，這世界至少有一個潔淨的靈魂。

一六三

大清早，明亮的月撼動人心。感激的是我瞥見了露臉窺視這塵世人間的明月。遺憾的是遲起的人沒有這份清喜，分享一片光明的心。

一六四

欲虧仍盈的月，在灰沉沉的層雲飛霧中乍然露臉，像是輕輕撩開面紗似的，令人驚喜，令人訝異。

可是，一瞬之間又鑽入掩藏在雲堆沉霧裡，令人惋惜，令人懷念。

一六五

公園的啼鳥在晨早黑暗的時刻初醒。

早起的人知道了牠們的隱私和秘密。

一六六

有時我們不得不對人性的前景感到焦慮。

人類常把歷史推落到需要革命加以拯救的邊緣。

一六七

人生的積極意義在於努力不讓歷史步入非革命不可的境地。

一六八

為了避免流血的革命，人類必須學習含淚的克制。

一六九

含淚的克制起於人性的深情。

一七〇

人性深情起於個人意志，但卻超越個人意志。

一七一

起於個人意志的有血有淚。

超越個人意志的萬古長青。

一七二

個人無情。
人性有情。

一七三

塵世無情。
天上有情。

一七四

人間無情。
心中有情。

一七五

心中自有情，仍盼麗人來。

含淚的
克制——起於
人性的
深情。

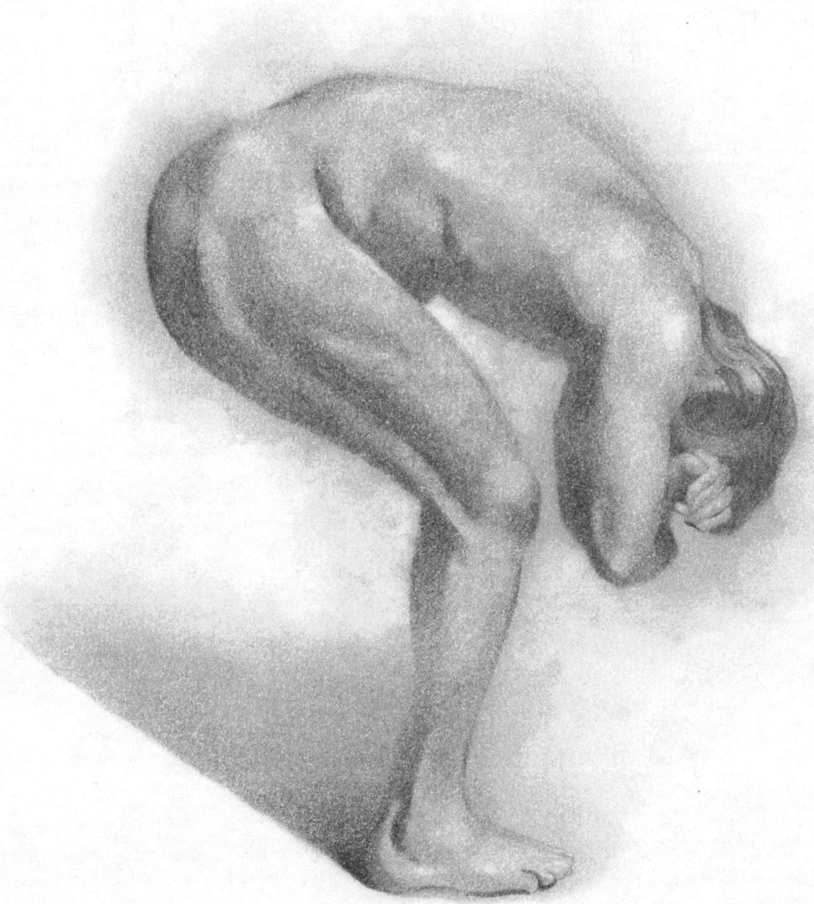

一七六

本懷天上情，唯願地上栽。

一七七

人間的愛，也可以演繹成天上的情。

一七八

走在夜空下，心中雖然懷著月影，但卻仍舊盼望她在天上露出臉來。

一七九

眼前無月。雲外有月。

一八〇

天上無月。

心中有月。

一八一
明知天上正有欲虧還盈的月，但卻尋遍四方，雲天茫茫。

一八二
是我們將地球弄得烏煙瘴氣，並非月兒不願忠實反射太陽的光。

一八三
是我們自己的內心罩上一層迷惘的煙霧，並不是真理本身沒有內在的光芒。

一八四
在戀愛時，有的男子似將女子當成一個陌生幽秘的世界——要去探險，要去征服。

一八五

把一個女子當作一個幽秘的世界，自有它美好可敬的一面，但也有它粗俗危險的地方。

一八六

陌生而幽秘的應該是一個人的精神世界，而不是他的身體的遭遇。

一八七

人類雖然可以通過身體的遭遇走向精神的世界，然而一旦沒有精神的境界，身體的遭遇多麼容易褪色衰殘，扭曲變形。

一八八

愛有它塵世身體的遭遇，但它更重天上精神的理想。

一八九
愛常常通過身體的遭遇，邁向精神的境界。

一九〇
邁向精神的境界令愛可以超脫身體的遭遇。

一九一
超脫了身體遭遇的愛，建立了心靈上的情的記號。

一九二
心靈上的記號令愛永生不滅——不論身體的遭遇如何。

愛有它塵世
身体的
遭遇。但它更重
天上
精神的
理想。

一九三

心靈的記號令愛提升，成了天上的情。

一九四

只拿同類的成就來比較，自己容易滿足而沉落。遙望人性的理想而努力，每天都通往一條康莊進取的道路。

一九五

別人往往拿我們和同類相比較。可是我們自己必須以人性的理想來衡量自己的成就。

一九六

同類相比往往令人停落在人間的標準。

自己立志朝向人性的理想，我們演化出天上的情懷。

一九七

自己嚐受痛苦，為了他人的快樂，這是愛。

自己接納痛苦，為了人性的理想，這是神聖。

一九八

春暖過後，晨早的煙霧逐日消散。

大清早，抬頭遠眺，雲堆潔白，心曠神怡。一二星子在雲破處閃耀。在長長的灰灰沉沉的日子裡，天辰暗換，新星陌生。

啊，不必知道名字，何需追問底細。

心領神會的是那一點點高深、幽靜、清晰、奪目、感人的遙遠傳來的光輝。

一九

不必追問名字，無需尋求底細。
像那個在幽暗的晨早，獨坐公園的女郎。
只要姿態優美，只要神情超凡。

二〇〇

以為明媚的季節已經到臨。正在痴望雲破處的
一兩點星星。
突然灰雲再起，烏幕垂掛。
在失望與驚訝之中，但見雲空潑墨，濕潤渲染，
風起天動，洶湧變形。
啊，幸好我是一大早的來客。

二〇一

一向暗想：人類理該是早睡早起的動物。

不然的話，上天定會生給我們一對貓頭鷹似的夜眼。

二〇二

早起真好。天上星星仍然晶瑩。地面空氣依舊清新。樹枝花葉間鳥音還在繚繞飄傳。

二〇三

人類雖然可以不斷試探超越與生俱來的限制。可是我們也不要完全不尊重自然加諸我們的生命條件。

二〇四

違反自然，千苦萬劫。順應天理，得心應手。

二〇五

小時天上繁星無數，地面燈火稀疏。而今地上燈光輝煌，天上星星隱沒。怎不養成當今年少的人不同的生命情操和人生懷抱？

二〇六

在高聳的危樓之下，在一線天的眼界裡，人類能夠孕育出什麼樣的情懷和志節？

二〇七

人間的理性也許在世事裡琢磨，可是生命的情懷卻要在大自然的感應中加以涵養。

二〇八

少年時的狂妄表現那長虹般的志氣。
中年時的狂妄表示深切的無知。
老年時的狂妄證明一個人已經失去了新的希望。

二〇九

狂妄起於不知尊重人類文明的傳統，但卻終於自絕於文明傳統之外。

二一〇

自大的人不知尊重傳統，好像人類的文明剛剛從他開始。

二一一

聰明的人常常自大。
他常常忘了尊重文明的傳統。

二一二
自大的人往往不是沒有志氣，他只是欠缺修養。

二一三
志氣令人成就。
修養助人守成。

二一四
對於他人陰陽複雜的心計，我們心中懷有簡單純樸的答案。

二一五
簡單純樸容易持久。
陰陽複雜難以為繼。

二一六

簡單走向持久的繁榮。

複雜導致提早的破滅。

二一七

對於人性眼前的現實，我們抱著悲觀的驚訝。

可是面對人性終久的可能，我們卻依舊出以積極的投入。

二一八

對於他人單純明潔的感情，我們報以悲喜交集的感動。

二一九

單純明潔的感情容易在這世間受傷失望。

二二〇

世上有多少感情能夠單純明潔，顛撲不破，歷久長青？

二二一

情變無奈後，愛已悄然失。

二二二

愛似無情時，理在心中照。

二二三

聚收於身邊的美好事物，只能伴你於一瞬。發放生命的光彩，才能為這世界留下美好的永恆。

二二四

將世上美好的事物聚收身邊，並不能增加自己生命的光彩。

令自己的生命發放光彩，卻為這世界帶來美好的事物。

二二五

高貴的愛情不是將對方生命中的美好擁佔據有。

高貴的愛情是引導對方開拓出生命中的美好。

二二六

高貴的生命不是將世界上美好的事物擁據在自己的身邊。

高貴的生命是創造出美好的事物交付給這個世界。

愛似
無情時、
理生
心中
思。

（人間總把心情誤，天上星子字字真。）

二二七

真實的是我們的心境，星星是我們心境的投影。

二二八

正圓的滿月反映理性的思考。

欲虧仍盈的舊月象徵感性的情懷。

二二九

十五夜深的月是理性的正圓。

十八十九清晨的月是感情的欲虧仍盈。

二三〇

正圓只供理念冷靜的持有。

欲虧仍盈卻有一種幾乎是觸覺的柔軟的情思。

二三一

正圓的月給人傷刺手指的印象。
欲虧仍盈的月引發柔情觸摸的感覺。

二三二

藝術是要明白地訴諸概念，或是隱約地滿足情懷？

二三三

感情是一種藝術。
道德終久也是一種藝術。

二三四

感情要明白訴諸概念，或是要隱約滿足情懷？

二三五

道德終久要明白訴諸概念，或是要隱約滿足情懷？

二三六

「立體」的幾何依然只是幾何。

「野獸」的線條和色彩卻不只是情懷的野獸。

二三七

出於圓規的圖形只有冷靜的概念。

繪自人手的盈滿表現著生命的情懷。

二三八

幾何圖形的繪畫令人進行概念的代入，不是引起情懷的寄託。

二三九

保持距離是深思反省的條件，但它產生一種導致分裂隔絕的不安。

二四〇

意志上的不安導致情懷上的不安全。情懷上的不安引起意志上的不安全。

二四一

概念也有它的不安和不安全。它連通到意志上的不安和不安全。

二四二

有些人在一起彼此有種生命之間的安全。過份的生命之間的安全，有時導致意志上和情懷上的不安全。

二四三

人生的希望起於耕耘開發，卻止於達成收穫。

二四四

幾何的正圓只是天上的理念。
月兒的豐盈才是人間的感覺。

二四五

豐正的滿圓給人理念的羨慕。
柔和的虧盈引起感懷的思情。

二四六

欲虧還盈的月令人產生彈性柔和的感覺。
不像全滿正圓的月，反而給人生硬疏遠的印象。

二四七

你若只用眼睛觀看一個人，何妨等到有朝一日造訪他的墓碑。

二四八

在感情上給人帶來痛苦的人，往往無法輕易解決人家的痛苦。

（繫鈴之後所解下的鈴，已經不再是當日的鈴。）

二四九

令人失望的，不可能給人快樂。令人失望的，也無法避免令人痛苦。

二五〇

不要為了在他人心湖上留下一點痕跡，而導致他人的痛苦。

真正的
滿圓給人
理念的羨慕。
平和的
虧盈引起
感懷的思情。

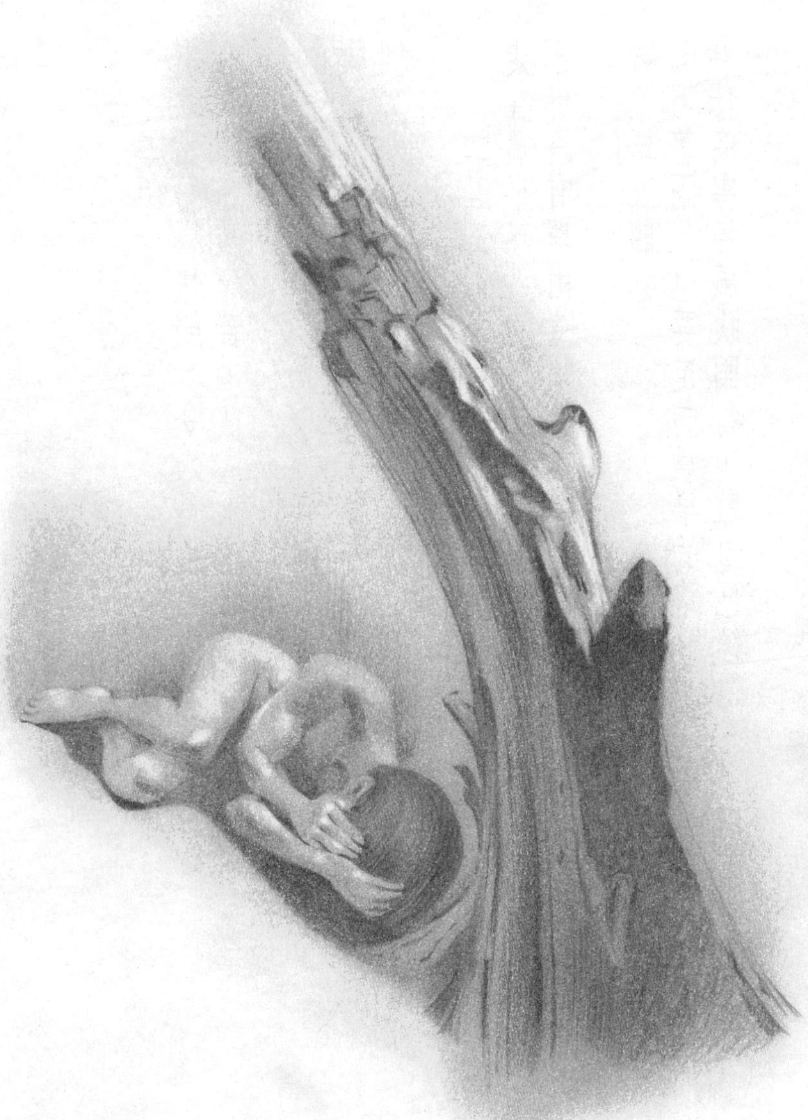

二五一

有人因給人快樂，令人長生記憶。
有人因令人痛苦，使人永遠難堪。

二五二

撲面淋灑的雨，你是在警告我們或是在撫慰我們？

二五三

走在晨早無人的路上，無情的雨，淋灑吧，你不會沒有理由這樣待人。

二五四

天下著雨，也要走向晨早的路。
為什麼害怕風吹雨打，難道已經遺忘了風雨無阻的少小情懷？

二五五

一向以為天公為我作美。晨運時，總是雨歇。今日雨下個不停。我是不是應該沉思默想，為什麼天公對我不顧而去？

二五六

天突然下起雨來。又是一次洗滌身心的時刻。昨日的痛，今日的沉思，明日的遠望。

二五七

難道風雨就緊縮脖子？難道亂世就收藏良心？

二五八

鍛練身體不也為了抵禦風雨，難道只為了緊縮在温室中享受？

二五九

清早，只是絲絲微雨。何故「麗港公園」、「茜發道」上、「曬草灣」山邊全都了無人跡？平日早起晨運的人呢？

二六〇

天雨就不早起？
天雨就不晨運？
天雨就不健身？
天雨就不鍛練？

二六一

有時把人看作感情的對象時，容易不小心將他演變成感覺的對象。

二六二

把人當成感覺的對象時，容易令人接著沉淪於感覺的內容。

二六三

情人有時成了愛的對象。

當情人成了對象，而又與其主體合一，我們很難另愛一人。

（可是愛不只將對方當作對象。對象與其主體也常不合一。）

二六四

愛的人間弔詭是，對方只是對象時，情容易專一不二。可是對方卻不只是一種對象。

二六五

當我們將情人當作樂器彈奏，我們把他當成感情的對象。

二六六

當我們沉迷到與樂器合一的境界，我們無法彈奏另一種樂器。

二六七

重要的並不是我們雙腳所踩過的可見的足跡。珍貴的是我們在他人心上留下的見不到的印記。

二六八

愛情不只是肢體的語言。
愛情不只是口舌的語言。
愛情是可內可外，可上可下，可出可入的綜合連貫的溝通方式。

二六九

愛情不止於溝通，它也在於欣賞。
它不止於欣賞，它也在於傳播。

二七〇

某些人之間容有肢體的語言。
某些人之間容有口舌的語言。
困難的是兩人自由穿遊在心靈之間，彼此含容瞭解，欣賞享受。

二七一

人間沒有記錄的，天上自有它的留影。

二七二

只要真誠向上，在星輝明月之間，個人的生命已經留下了不可抹滅的記錄。

二七三

人生的記錄不一定呈現在自己的眼前。人生的記錄也未必留存在他人的心上。

二七四

清風明月之間，留存著我們生命的記憶。

二七五

寂靜的晨早，輕灑過一陣短暫的小雨，水影鋪在小徑上，留下了我走過的明確的足跡。

在天不飄雨的日子，我也一樣走過。一樣留下了或深或淺的記錄。

二七六

沒有外物的好奇，一樣可以生發內心的思緒。不見他人結伴同行，難道就不立志自重，宏願自許？

二七七

沒有星星的晨早，可以觀看流雲。
沒有流雲的時刻，可以靜聽風聲。
沒有風聲的日子，可以沉思默想。

二七八

每一個地方都有東西南北。
可是，並不是每一個角落都可以望見星星明月。

人間沒有
記錄的，
天上自有它的
身影。

二七九

每一個人都有心臟和頭腦。

可是，並不是每一個人都善於發揚理性和感情。

二八〇

當你說每個地方都有東西南北的時候，也許有人要回答說北極就沒有！

此人不是頭腦簡單，就是走火入魔。

二八一

每個時刻都有生命的精彩片段。

可是，並非每一個人都有一片心懷去經歷和觀賞。

二八二

人間總把心情誤。
天上星子字字真。

二八三

人間莫把閒情寄。
明月清風最知音。

二八四

此情本屬天上有。
人間何事苦追尋。

二八五

真情莫把誤相寄。
流水回頭笑是痴。

二八六

當人心已經淪亡，道德只是嘴邊的口號。

二八七

許多激進的革命的成果，往往不是建立了新道德，而是破壞了舊人心。

二八八

當我們以為是在激進改良，革命掃蕩的時候，我們所破壞的，往往不只是外在世界，而是我們自己的內心。

二八九

上帝是否需要隱私？祂有沒有不可告人的秘密？

二九〇

動物是否需要隱私？
牠們有沒有怕人知道的秘密？

二九一

人類為什麼需要隱私？
那是因為自己不夠莊嚴尊貴，或是他人不夠光明正大？

二九二

情人之間是否需要隱私——如果他們足夠莊嚴尊貴，如果他們完全光明正大？

二九三

人因愛情莊嚴尊貴。
人因愛情光明正大。

二九四

愛本來就是莊嚴尊貴的事。
愛本來就是光明正大的事。

二九五

愛無需隱私。
愛不必懷藏秘密。

二九六

倘若愛人不是因為愛這個世界；
倘若愛人不是因為愛人類共同的生命；
倘若愛人不是為了愛人類的文明；
倘若愛人不是為了愛護人性；
個人的弱小總是經不起環境的動盪，也容易沉迷於自私自利的慣性。

二九七
根本上，愛人是因為愛這個世界。

二九八
根本上，愛人是因為愛人類共同的生命。

二九九
根本上，愛人是為了愛人類的文明——不只是為了沉溺於那隨意創出的文化。

三〇〇
根本上，愛人是為了愛護人性。

三〇一
飛機飛越北國上空，適遇朝陽初照，山巒冰河，一片美景。

有人憑窗觀賞，有人坐臥夢中。
有人視而不見，讓一片奇境在不知不覺中流逝。

三〇二

人間多少奇景，人生多少絕妙經歷。
有人注目觀賞，有人無暇停看。
有人視而不見，聽憑它在不知不覺中飛走流逝。

三〇三

清早下了一場淅瀝的雨。
它不但叫醒依然愛睏的眼睛，它更喚醒了否則懶散沉淪的靈魂。

三〇四

靜聽風雨的聲音，知道小徑再也沒有了人家走過的腳印。

時間又為晚來的人，清洗一片待拓的園地。

三〇五

走在霧雨輕飄的小徑上。
不必回頭，也知道自己留下了怎樣的腳印。

三〇六

在微雨的小徑上走了一圈，見到自己鮮明的腳印。
可是，再走一圈，又走一圈。慢慢地模糊了原先的足跡。

三〇七

自己總覺得只在順境時才相信命運。
也常暗自慶幸，上天厚待，總是在我晨運時停雨。

走在
霧雨輕飄的
小徑上，不必
回頭，也知道自己
留下了怎樣的
腳印。

可是今天當我晨操時，為何開始毛毛輕雨——
原來接著又有令人驚喜的應驗。

三〇八
絲絲的輕雨為暗紅的小徑鋪上霧樣的水跡。
我還未走上去，已經知道會在上面留下怎樣的
足跡。

三〇九
在世事紛雜的人間，你在投入每天的工作之
前，早已知道自己會如何處世待人。

三一〇
人先立志，然後行事。
人先涵情，然後待人。

三一一

雨停，但光潔的小徑上仍留著一灘灘多姿的水跡。
人們在小徑上走過，在乾燥的角落，印上鮮明的足跡。

三一二

不要總是回顧自己留下的腳印。
當你頻頻回頭，你會忘記開拓向前展望的胸懷和心志。

三一三

感人的不是你留下的腳印。
感人的是你開拓出來的心跡。

三一四

每一個人都有他獨特的腳印。但是有多少人曾經在我們心上留下感動我們的足跡？

三一五

生命的意義在於實現人間的理想。人生的目的不在替自己的存在辯護。

三一六

團體有團體中的獨裁者。然而，在生命中自己可能成為自己的暴君。

三一七

只為了支撐自己的存在而存在，容易製造不依從原則的生命暴君。

三一八

只為了支撐自己的存在而存在，一切的作為全都變得可以通容，可以接受。

三一九

一個建制不是為了哪一個個體而存在。
一個人生也不只是為了哪一個自我而開展。

三二〇

活著不只是為了活著。

三二一

活著不只是為了要為自己的生命勉強提出存在的理由。

三二二

生活不是為了要為生命尋找動聽的藉口。

三二三

冬日清早的小鳥，只是默默覓食。可是春晨的牠，卻在清寒的空氣中，一邊工作，一邊歌唱。

三二四

養魚失魚性。早起得鳥音。

三二五

夜晚公園小徑兩旁的低矮路燈吸引了身邊攀爬的軟籐。白日它聽不到遙遠園丁揮動大剪的聲音。

三二六

概念只為人類提供理解。
它並不為人帶來快樂。

三二七

試圖在概念中獲取快樂的人，永遠徘徊在不明確不堅定的心態之間。

三二八

過份執著於概念，令人喪失方向，走火入魔。

三二九

概念有了情意變得生動活潑。
情意失了概念變成歪倒軟弱。

三三〇

恆久的概念之後含有情意。
堅貞的情意之中存在概念。

三三一

感情有概念的骨格。
理性有情意的肉身。

三三二

人在概念裡迷惑時，在感情中獲救。
人在感情中失落後，在概念裡重生。

三三三

人生最大的智慧是在生活的小事細節中自得其樂。

三三四

我們往往容易輕視傳統的智慧。可是以往貧困的人的習性，現在卻變成保愛地球生態的舉動。

三三五

今日的賢明之士，誰能一口否定傳統智慧的古人？

三三六

冰冷的天氣是生活的考驗。

可是利害的驅避才是志節的明鏡。

三三七

路燈那金屬的身體抵不住風雨的侵蝕而斑駁。

可是欉木那生命的枝葉卻在四季迴轉之間，一片生意盎然。

人在
概念裡迷惑时，在
感情中獲救。

人在
感情中失落後，在
概念裡重生。

三三八

在寒流來襲時，有人並非不冷。
他們只是不畏懼。

三三九

冷不冷是皮膚的感覺。
怕不怕冷卻是意志的決定。

三四〇

科學歸納宇宙恆常的規則。
文學描繪人生奇特的遭遇。

三四一

感覺是科學研究的材料。
意志是文學描繪的對象。

三四二

優美的人生不是感覺的總和。

精彩的生命是意志的發揚。

三四三

意志的發揚產生優美的感覺。

感覺的總和並不蘊涵鮮明的意志。

三四四

經常擦拭地板的人知道哪裡是積污藏垢的角落。

時時澄清心境的人明白何處是內裡深層的困乏之。

三四五

在群樓高廈的包圍中，突然發現小窗之外卻有一線天地。有一柱海景，有一片心影。

三四六

在萬念夾攻之中，突然發現內心深處卻有一種寧靜。有一絲欣喜，有一片温馨。

三四七

向外張望見不到一番良辰。往裡透視卻有一片美景。

三四八

保持良好的距離是人生的智慧。維護優美的關係是生命的喜悅。

三四九

人生一切的優美皆需要良好的距離去欣賞，去享受。

三五〇

暗黑的清晨，在小徑上遇到一隻早起的小鳥。牠雖然並不畏懼，但卻時時與我保持適當的距離。

三五一

效法自然並不是哲人深奧的發明。返樸歸真卻是天地人生的極致。

三五二

「原罪」不是自然的賦予。它是人類的發明。

三五三

人類足以改造自己的天性。我們已經發明了智慧，也發明了罪惡。

三五四

如果上天要我們夜作日息，它會賦予人類貓頭鷹樣的眼睛。我們何須努力改造自己，試圖變成蝙蝠也似的模樣。

三五五

過份滿足現狀固然進步緩慢。可是不信順應自然，只好事倍功半。

三五六

人間孜孜不息的創作經營，自然有它取捨衡量的標準。

三五七

人生不在於湊熱鬧。
生命何需赴會趕場？

三五八

我們都知道屋子裡何處積污藏垢。
可是我們清不清楚心靈上哪裡蒙塵納穢？

三五九

人生的光彩不一定出自濃烈的激動。
它常常起於點點滴滴的長遠積聚的溫馨。

三六〇

性出自濃烈的激動。
愛起於點點滴滴的溫馨。

三六一

沒有急急的飛雨，沒有濃濃的晨霧。
只有一夜的輕霜薄露。
可是小徑在矮燈下，一樣光彩明亮。
兩旁低小的爬籐，一樣生機蓬勃。

三六二

荷花池畔的杜鵑花早開遍了。
沒想到圖書館側的大樹依舊掉光著葉在沉睡。
是因為花叢近水而早發，或由於大樹靠屋而愛睏？

三六三

有時人們不但沒有在人生的路上，留下優美的腳印，反而在生命的歷程裡，走出泥污的足跡。

三六四

雨停了，也沒有霧。小徑乾乾地沒有什麼色彩。那是誰，誤踩了花圃的地，在小徑上留下一行泥污的足跡？

三六五

有些時代，人類的生命不易留存創造的腳步。有些地方，個人不論怎樣努力，也像水中著墨。未等回頭，早已看不見明確的痕跡。

三六六

小徑上有一片殘缺的洋紫荊的落葉。它經歷一夜的寒風，但卻保住了葉下一小灘的水跡。

徑上的殘葉收藏了昨日的雨水。沒讓一夜的寒風，奪去一滴一滴的水珠。

三六八

山形常常依靠霧氣的襯托和樹影的掩映。人生的志節也往往有賴情懷的注疏和意志的界定。

三六九

有霧有雨的人生路上，我們清楚留下有情有意的生命腳印。

三七〇

在乾涸的跑道上，人們循環跑過，不見自己的腳印。

多少日子，在生命的路上，我們也未曾留下可見的足跡。

三七一

雨停，暗紅色的小徑一夜被寒風吹乾。沒有了水光，失去天雨時的閃亮耀眼。時代也是如此，雖然沒風沒雨，但是一片平淡，一片無光的索然。

三七二

過年的日子已經遠去。大廈的張燈結綵依然如新。大概不願意讓這些精緻的花費，只為了短短一時的歡賀。可是誰留得住人生精彩的片刻。為了不停的歡愉，只有不斷的創作。

有霧
有雨的
人生路上，
我們清楚留下
有情、
有意的生命
腳印。

三七三

人生不是佳節舞會。

人生也不是過年燃放的煙花。

三七四

人生當然不只是清潔抹地。我們還有更重要的事情做。

可是連清潔抹地都無知無能的，他還有什麼精彩偉大的人生？

三七五

小時學會母親怎樣清潔抹地，也就無需建立抹地的運籌理論。

耳濡目染就是知識，就成技能。我們何苦一切要從理論開始。

不過自己有時喜獲心得，創發新意。

三七六

清早瞥見老鼠在垃圾箱處奔竄。
今日兒童也許視打殺老鼠為殘害動物。
可是至少我們不要亂丟殘餘食物，令牠們無從
飽食終日，努力繁殖。

三七七

五十年前，鄰居笑語母親那乾淨發亮的泥土地
板：就是「䊵糬」跌落，也可撿起吃食。
如今，我每天將地板擦拭乾淨，即使未能達到
母親的境界，也讓赤足光腳的人不會沾染塵埃。

三七八

舊時母親將屋內泥土的地面清掃得光潔發亮。
如今我只有柚木的地板。我也努力將它擦拭得
清潔乾淨。

三七九

我們有幾個人能在歷史的長跑道上留下可觀的腳印。然而每個人不是都可以在自己生命的道路上走出一條溫馨的足跡？

三八〇

地面漲水，跑道上走不出明顯的腳印。滿天輕雨飛霧，人們努力地走，也留不住可觀的足跡。

三八一

有時生命裡滿地水跡，我們難以踩踏出鮮明的腳印。

三八二

歷史的雨點有時不等我們回望，早已將人生道路上的腳印還給大地，收歸自然。

三八三

有時勢製造的英雄。
有英雄創造的時勢。
有不是時勢製造的英雄。
有不是英雄創造的時勢。

三八四

時勢的順遂令英雄輕易地留下明顯的腳印。
英雄何必反逆時勢，勉強製造新奇的足跡？

三八五

有時人類輕輕走過，就在歷史上留下明顯的足跡。

可是有時即使著力踩踏，也不容易製作可觀的腳印。

三八六

微雨輕霧中，環園的走道上俯蓋著一層薄薄的水滴。我從上面走過，看到自己前一圈所留下的腳印。

三八七

有時地上未曾留下鮮明的腳印，可是心中早已存在溫暖的足跡。

三八八

有時人生的腳印無數，但卻心跡空白。有時生命的地上冷清，然而內心實在。

三八九

輕雨過後，大地一片水色光影。

本來應該平坦無凹的走道，出現一灘一灘的積水。

人間努力追求的品質，自然提出一個衡量的答覆。

三九〇

清早一陣醒人雨。

不見星星改看雲。

三九一

大清早，天空只是一片灰白暗淡。

眼中有雲，心上有星。

三九二

有時
人生的
脚印無數，
但卻
心跡空白。
有時
生命的地上

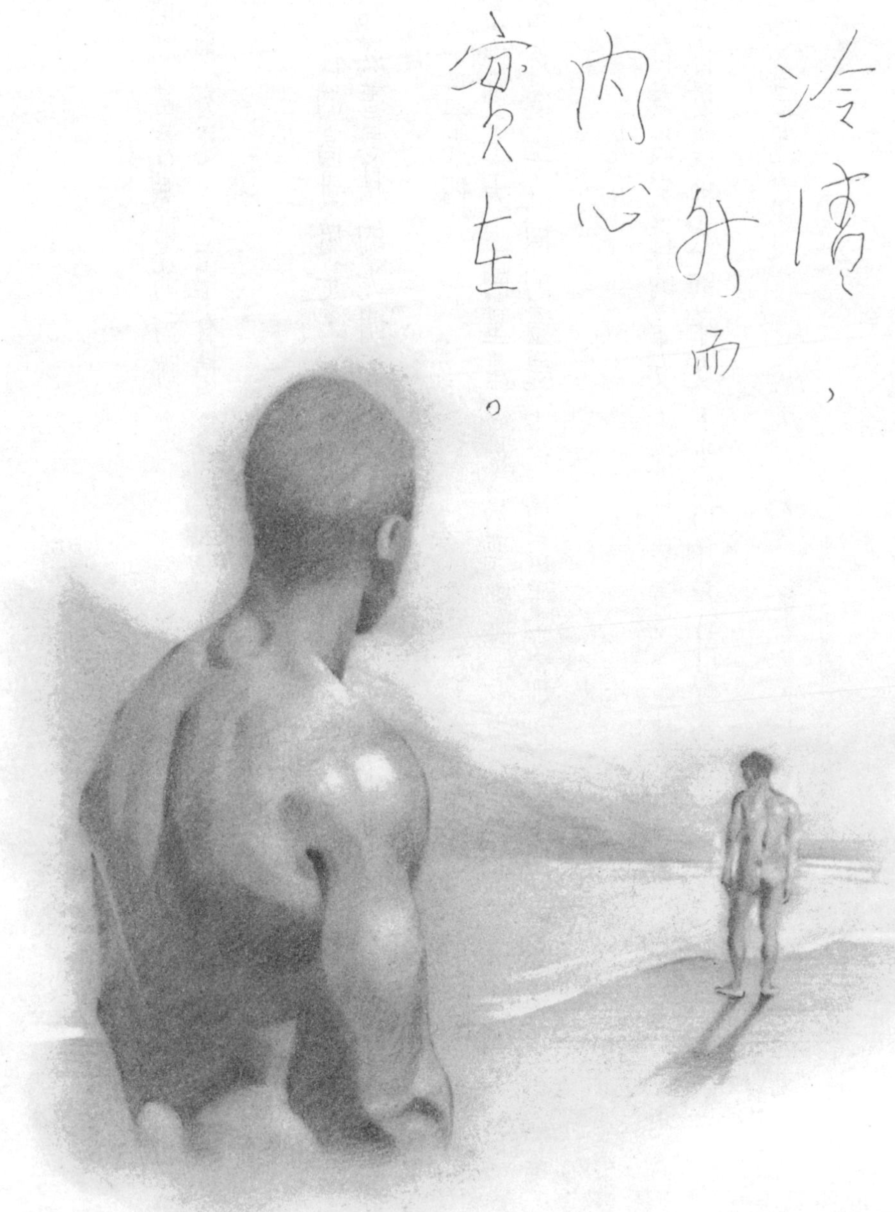
冷情，然而內心實在。

世間常存滿地的污跡。
眼裡有怨，心中有情。

三九三

人性的高貴處是，身體走在黑暗的世界，內心
點燃著感情的光明。

三九四

當你愛上天上的星星，你只要默默凝視。
當你愛上人間的靈魂，何需口手交加？

三九五

當你愛護自己的子女，你只要盡心盡情。
當你愛護他人的子女，為何斤斤計較？

三九六

仰望天上星星默默交閃，你不禁要輕輕長嘆：
此情本是天上有，人間何處可尋求？

三九七

人生的奧秘是，前面總是隱藏著更多的可能。
人生的智慧是，莫要過早排斥了未來的可能。
（情的智慧也是如此。）

三九八

身上的痕跡隨個體的生命而終止。
心上的記號長留在人類文明的血統之中。

三九九

愛在自己的心上留下淡淡的記憶，卻在他人的生命裡刻下深深的痕跡。

四〇〇

愛支撐自己的生命，但卻感動他人的心靈。

四〇一

愛在自己的心上留下記憶，也在他人的生命裡添上溫暖。

四〇二

愛是在對方的生命中留下記號。不是在他人的人生裡創出傷痕。

四〇三

愛給人性添增高貴，不只為了在他人身上留下痕跡。

四〇四

智慧成全自己，可是卻不一定改變世界。這是生命悲情的緣由。

四〇五

對於這個世界的動向，個人往往無力無奈。可是對於自己的含情立志，我們卻有完全的主權。

四〇六

個人生命的價值在於他所活出的品質。雖然個人對這世界的貢獻有時不完全決定於他生命的品質。

四〇七

當你已經與世無爭，你所追求的仍然是生命的品質。

愛是在對方的
生命中留下
記號。不是在他人的
人生裡創出
傷痕。

四〇八

人性文明發展至今，有些品質幾乎進入我們的細胞和血液。這是值得我們慶幸之事，也是令人不太悲觀的因由。

四〇九

我每天大清早都走出去注視天上的星星，不是為了窺視它們的秘密。我朝著它們注目，只為了明白那閃亮的意義。

四一〇

烏雲要來毀謗明月時，它首先遮蔽明月的身體。可是這時烏雲自己卻通透出一片金碧輝煌的亮邊。

四一一

有時人間因情失義，循私而忘公。
可是自然卻永遠不偏不倚，不拘泥，也不逞私。

四一二

人間有妥協。
自然無偏袒。

四一三

在大清早的寒風裡，抬頭喜見西天三顆亮星：
天狼、南河和參宿依然斜躺懸掛。
再遲一會，就無緣望見。
天不寬假，時不待人。

四一四

教育是一種良心事業。

它可能是人類最後的一種良心事業。

四一五

從事教育的人是立志成全他人的人，否則他不在從事教育。

從事教育的人是寄情人性前途的人，否則他不在從事教育。

四一六

感情教育旨在馴服人類野性，從情緒的發瀉導引向情懷的建成。

四一七

謙虛的人追求崇高的理想。

自誇的人貶低文明的願望。

四一八

人性是篇永未完成的樂章。我們的人生只是不斷演繹的長曲中的一句小語而已。

人性是篇永未完成的
樂章。
我們的
人生只是不斷演繹的
長曲中的一句
小調而已。

國家圖書館出版品預行編目資料

人生小語．八，人性與自然／何秀煌著．
-- 初版．-- 臺北市：東大發行：三
民總經銷，民87
面；　公分．--（滄海叢刊）
ISBN 957-19-2185-8（精裝）
ISBN 957-19-2186-6（平裝）

1.格言　2.修身

192.8　　86014688

國際網路位址　http://sanmin.com.tw

——人 性 與 自 然

著作人　何秀煌
發行人　劉仲文
著作財產權人　東大圖書股份有限公司
臺北市復興北路三八六號
發行所　東大圖書股份有限公司
地　址／臺北市復興北路三八六號
電　話／二五〇〇六六〇〇
郵　撥／〇一〇七一七五——〇號
印刷所　東大圖書股份有限公司
總經銷　三民書局股份有限公司
門市部　東大圖書股份有限公司
復北店／臺北市復興北路三八六號
重南店／臺北市重慶南路一段六十一號
初　版　中華民國八十七年一月
編　號　E 85405
基本定價　叁　元
行政院新聞局登記證局版臺業字第〇一九七號

ISBN 957-19-2186-6（平裝）